AF357069

NEPHTÉ,
TRAGÉDIE.

NEPHTÉ,

TRAGÉDIE

EN TROIS ACTES,

REPRÉSENTÉE

POUR LA PREMIERE FOIS,

PAR

L'ACADÉMIE ROYALE DE MUSIQUE,

LE MARDI 15 DÉCEMBRE 1789.

PRIX XXX SOLS.

A PARIS,

CHEZ PRAULT, IMPRIMEUR DU ROI,

Quai des Auguſtins, à l'Immortalité.

On trouvera des exemplaires à la Salle de l'Opera.

M. DCC. XC.

AVEC APPROBATION ET PRIVILÈGE DU ROI.

Les paroles font de M. HOFFMAN.
La musique est de M. LEMOINE.

ACTEURS ET ACTRICES

CHANTANS DANS LES CHŒURS.

<table>
<tr><td colspan="2">COTÉ DE LA REINE.</td><td colspan="2">COTÉ DU ROI.</td></tr>
<tr><td>*Mesdemoiselles.*</td><td>*Messieurs.*</td><td>*Mesdemoiselles.*</td><td>*Messieurs.*</td></tr>
<tr><td>É. Gavaudan.</td><td>Martin.</td><td>Courneuve.</td><td>Rey.</td></tr>
<tr><td>Le Clerc.</td><td>Legrand.</td><td>Manthe.</td><td>Le Coq.</td></tr>
<tr><td>Dubuisson.</td><td>Poussez.</td><td>Tauner.</td><td>Chapelot.</td></tr>
<tr><td>Rouxelin.</td><td>Duplessier.</td><td>Macker.</td><td>Westminster.</td></tr>
<tr><td>Garrus.</td><td>Touvoys.</td><td>Beaumont.</td><td></td></tr>
<tr><td>Sanctus.</td><td>Pingal.</td><td>Davide.</td><td></td></tr>
<tr><td>Delaigle.</td><td>Delboy.</td><td>Desmarais.</td><td>Tacusset.</td></tr>
<tr><td>Gouémelle.</td><td>Cavallier.</td><td>Marinville.</td><td>Le Roux, 1.</td></tr>
<tr><td>Ballassé.</td><td>Moulin.</td><td>Clozet.</td><td>De Lori.</td></tr>
<tr><td>Vadée.</td><td>Jouve.</td><td>Méziere.</td><td>Bouvard.</td></tr>
<tr><td>Gambais.</td><td>Duchamp.</td><td>Duchesne.</td><td>Joinville.</td></tr>
<tr><td></td><td>Débeirk.</td><td></td><td>Rouen.</td></tr>
<tr><td></td><td>Bourbier.</td><td></td><td>Chevrier.</td></tr>
<tr><td></td><td>Ramey.</td><td></td><td>Le Roux, 3^e</td></tr>
</table>

ACTEURS.

NEPHTÉ,	Mlle. MAILLARD.
PHARÈS,	M. LAINEZ.
AMEDÈS,	M. ADRIEN.
CHEMMIS,	M. DUFRESNE.
FILLE du temple d'Osiris,	Mlle. Rousseslois.

PRÊTRES des Tombeaux, MM. ⎧ CHATEAUFORT.
⎪ LE ROUX, cadet.
⎨ POUSSEZ.
⎩ LEGRAND.

GRAND-PRÊTRE de l'Hymen, M. CHATEAUFORT.

LE FILS DE NEPHTÉ enfant, Mlle. ROSETTE.

VINGT-CINQ JEUNES FILLES du temple d'Osiris.

GRANDS DE L'ETAT, PRÊTRES, FEMMES de la suite de Nephté; SOLDATS, PEUPLE égyptien.

La Scène est dans le palais des Rois de Memphis.

A MADAME

SAINT-HUBERTI,

DE L'ACADÉMIE ROYALE DE MUSIQUE.

MADAME,

Je vous offre un ouvrage qui avoit été fait pour vous, & qui attendoit de vous son plus bel ornement. Puissent tous ceux qui courent la carrière des lettres, oublier, comme moi, qu'il est des personnes riches & puissantes, & ne se souvenir dans leurs dédicaces, que de l'esprit & des talens !

HOFFMANN.

TRAIT D'HISTOIRE.

Camma, fille de Léonorius, époufa Sinatus, roi de Galatie. Sinorix, parent de Sinatus, le fit affaffiner pour lui ravir fa couronne & fon époufe. Aimé des foldats, il obtint facilement le trône ; mais Camma lui oppofa toujours une réfiftance inflexible. Enfin cette reine, abandonnée de tout le monde, menacée par Sinorix, peu refpectée par fon peuple rebelle, fut contrainte de donner la main au meurtrier de fon époux. Mais, fidelle à fes premiers engagemens, & confervant dans fon cœur autant d'amour pour Sinatus que d'horreur pour l'affaffin, elle empoifonna la coupe nuptiale, & fe fit périr avec l'ufurpateur. Plutarque.

Ce trait d'hiftoire a fourni à Thomas Corneille le fujet d'une tragédie. Mais ayant à travailler pour un fiècle où l'amour étoit le principal mobile de toutes les actions dramatiques, ce poète a fuppofé que Camma peu fidelle à un époux qu'elle regrette peu, aime un jeune prince à qui elle veut donner fa couronne, & qu'elle ne cherche à faire périr

Sinorix, que pour mettre à la place de l'usurpateur l'amant dont elle est éprise.

Une telle conduite, de tels sentimens nuisent un peu à l'intérêt que devroit inspirer l'héroïne ; & n'ayant pas, comme Thomas Corneille, les moyens de faire pardonner ce défaut, je me suis totalement écarté du plan de la tragédie, & j'ai conservé le trait d'histoire dans toute sa pureté ; me permettant seulement de changer les noms des personnages.

Pour introduire sur la scène de l'Opéra des costumes nouveaux & des mœurs nouvelles, j'ai transporté mon sujet en Égypte ; j'ai donné à Camma le nom de Nephté, & j'ai reculé l'événement jusqu'à l'antiquité des tems mythologiques. Nephté n'est point un nom imaginaire : selon Janblonski *, il est composé des deux mots *Neith* & *ptha*, qui sont les noms de deux divinités égyptiennes, dont l'une est la Minerve, & l'autre le Vulcain des Grecs ; ce qui signifie *sagesse* & *courage*, qualités que j'ai tâché de conserver à Nephté.

*Pantheon egiptiacum.

Un autre motif m'a déterminé à choisir la capitale de l'Égypte pour le lieu de la scène. Isis, grande déesse des Egyptiens, a beauconp de rapport avec Nephté, en ce qu'elle a toujours été fidelle à Osiris fon frère & fon époux ; qu'elle a tiré une vengeance éclatante de Thyphon, meurtrier d'Ofiris, & confervé la couronne à fon fils Horus.

J'ai pris dans Hérodote & Diodore l'idée des cérémonies funèbres, où les chants de joie fuccédoient aux accens plaintifs, lorfque le mort avoit été reçu favorablement par les juges des enfers ; c'eft dans les mêmes auteurs que j'ai trouvé la defcription des fites que repréfentent les décorations du premier & du troifième acte ; & je crois que le public verra avec plaifir les tableaux que M. Paris a fu compofer d'après le programme très imparfait que je lui ai préfenté.

J'ai donné à Nephté & à Amédès, grand-prêtre, les noms de *père* & de *fille*, qu'on entendra fouvent dans le cours de l'ouvrage, quoiqu'Amédès ne foit point le père de Nephté. J'ai cru être autorifé à me fervir de ces termes, d'après Diodore *, qui nous apprend que les grands-prêtres étoient chargés de l'éducation des princes, & que les enfans des rois étoient fervis par les enfans des prêtres.

J'ai employé comme un des refforts de cette tragédie, la néceffité où fe trouve Nephté de choifir un fecond époux pour conferver la couronne. Cela

Livre 1.

 eft conforme à Hérodote *, qui affure que jama
l'Egypte ne fut gouvernée par aucune femme, fi c
n'eft à titre d'ufurpation. M. Paw appuie ce fent
ment dans fes Recherches philofophiques fur l
 Egyptiens * ; il dit que dans ce pays les femm
étoient inhabiles à régner.

J'efpère qu'on m'excufera de m'être écarté d
la tragédie de Camma. Quelque bon guide que d
être pour moi le frère du grand Corneille, j'ai c
devoit m'en tenir à la fimplicité de l'hiftoire, fu
tout à un théatre où le fujet doit être clair, la ma
che facile & l'action fobrement intriguée. Les pe
fonnes qui fe donneront la peine de lire ces de
ouvrages, reconnoîtront qu'ils n'ont rien de fe
blable pour la marche, que le dénoument qui
en récit dans Camma, & en action dans Nephté.

ACTE IER.

Tout le côté droit du théatre doit repréfenter une montagne aride, fous laquelle font pratiqués douze cryptes ou grottes fépulchrales taillées dans le rocher. Chacune de ces grottes contient le tombeau d'un des rois d'Égypte, et chacune est éclairée par une lampe funèbre. Celle où fe trouve le tombeau de Séthos eft la première, et paroît de formation plus nouvelle. Quatre prêtres vêtus de robes de lin font affis fur quatre pierres, placées aux quatre angles du tombeau.

Le côté gauche eft occupé par la façade extérieure du palais de Memphis.

A l'extrémité de la montagne s'élève le grand temple d'Ofiris ou du Soleil, dont on n'apperçoit que les portes. Ce temple n'occupera que la moitié du fond, de forte que dans l'intervalle qui reftera entre lui & les grottes, on appercevra dans le lointain une partie des riches campagnes qui bordent le Nil, & l'une des grandes pyramides, dont la pointe fe perdra dans l'horizon.

A

Une avenue de sphinx de forme colossale, con
duira du temple au portique du palais.

    Enfin l'espace qui reste entre les sphinx & le
grottes est un lieu planté de cyprès.

    Le jour n'est pas encore levé, & le théatre ne paro
éclairé que par la lueur des lampes funèbres.

SCENE I^{ERE}.

QUATRE PRÊTRES *assis aux quatre ang*
du tombeau de Sethos.

IER. PRÊTRE.

MEMPHIS, ton roi n'est plus; abaisse ton orgue
Ta fortune des dieux éprouve l'inclémence;
Memphis, ton roi n'est plus, couvre-toi d'un long d

IIE. PRÊTRE.

    Sceptre, grandeurs, vertus, puissance,
Vous avez disparu dans l'ombre du cercueil.

CHŒUR.

Memphis, ton roi n'est plus, abaisse ton orgueil.

IIIE. PRÊTRE.

Ah! si la seule mort faisoit couler nos larmes!

Si ce héros dans les combats,
En y cherchant la gloire, eût trouvé le trépas.

IVE. PRÊTRE.

Nous n'aurions à pleurer que fur le fort des armes.

IER. PRÊTRE.

Mais un frère, grands dieux !...

II. PRÊTRE.

     Le fit affaffiner.

IIIE. PRÊTRE.

O crime!

IVE. PRÊTRE.

O trahifon!

IER. PRÊTRE.

    O projet fanguinaire!

IIE. PRÊTRE.

Un frère qu'il aimoit le fit affaffiner.

CHŒUR.

Fatale ambition ! la fureur de régner
  N'épargne pas le fang d'un frère.

IER. PRÊTRE.

Memphis, ton roi n'eft plus, couvre-toi d'un long deuil.

IIE. PRÊTRE.

Ta fortune des dieux éprouve l'inclémence.

IIIE. PRÊTRE.

Sceptre, grandeurs, vertus, puissance,

IVE. PRÊTRE.

Vous avez disparu dans l'ombre du cercueil.

CHŒUR.

Memphis, ton roi n'est plus, abaisse ton orgueil.

(Le premier prêtre se lève ; il parcourt lentement
théatre, & jette les yeux vers le fond que l'aurore com-
mence à éclairer. Les autres prêtres , à l'aspect du jour
vont éteindre les lampes des tombeaux.)

IER. PRÊTRE.

Déja la pourpre de l'aurore
A rougi la voûte des cieux ;
Voici l'heure où Nephté, conduite par les dieux,
Porte un tribut de pleurs à l'ombre qu'elle adore.

IIE. PRÊTRE.

Réveille-toi, Séthos, & souris à ses vœux ;
Tu fus dans ton palais l'objet de tous ses feux,
Dans la tombe tu l'es encore.

IIIE. PRÊTRE.

Elle n'eut point de part aux coupables complots
Qui réclament des cieux la trop lente vengeance.

IVE. PRÊTRE.

Elle t'aime toujours, & n'a d'autre efpérance
Que de vivre avec toi dans la nuit des tombeaux,
Et de te confoler par fa douce préfence.

IER. PRÊTRE.

Ceffez vos chants plaintifs ; cette reine s'avance
Son fils feul l'accompagne, & foulage fes maux.

IIE. PRÊTRE.

Cher enfant ! heureufe innocence !
Il ne fent point encor tout ce qu'il a perdu.

IIIE. PRÊTRE.

Ni combien de périls affiègent fon enfance.

CHŒUR, *tandis que Nepthé s'avance.*

O ciel vengeur, comment puniras-tu
Les fcélérats qui bravent ta puiffance ;
Si tant de maux éprouvent la vertu,
Si tant de maux accablent l'innocence ?

SCENE II.

LES QUATRE PRÊTRES, NEPHTÉ, SON FILS.

(Nephté approche de la tombe fur la fin du chœur pré-
cédent. Les prêtres fe féparent avec refpect, & laif-
fent avancer la reine. Celle-ci fait affeoir fon fils
fur une des pierres qui environnent le tombeau.)

NEPHTÉ.

Toi qui jufqu'à ma mort conferveras ma foi,
Séthos, puis-je efpérer que fur la rive fombre
Les pleurs de ton époufe iront toucher ton ombre?
O mon époux, ô mon amant, dis-moi
Si mes foupirs vont encor jufqu'à toi.
Que ton œil, s'il fe peut, fe r'ouvre à la lumière;
Vois ce gage de nos amours,
Lui feul foulage ma mifère,
Lui feul peut me forcer à prolonger mes jours.
Cher enfant, un forfait t'a privé de ton père,
Et peut-être bientôt tu vas perdre ta mère...
O mon époux, ô mon amant, dis-moi
Si mes gémiffemens vont encor jufqu'à toi.

IER. PRÊTRE.

Sans doute il vous entend ; sans cesse sa présence
D'une majesté sainte anime tous vos traits ;
Sa grande ombre vous suit, ne vous quitte jamais,
Et sur vous maintenant elle plâne en silence.

NEPHTÉ.

O Séthos, ô mon roi, ne m'abandonne pas ;
Rappelle dans ton sein ton épouse fidelle ;
Commande, elle te suit dans la nuit du trépas ;
Sans toi le monde entier n'est qu'un désert pour elle.

IIE. PRÊTRE.

Reine, il ne suffit pas de pleurer votre époux.
Laissez aux foibles cœurs des regrets inutiles.
Le ciel vous fit une âme, & le ciel mit en vous
D'autres soulagemens que des larmes stériles.

NEPHTÉ, *au tombeau.*

Oui, je veux te venger, arme ma foible main ;
Perce l'affreux secret, nomme ton assassin ;
Quelque puissant qu'il soit, il faudra qu'il succombe ;
Tout son sang va couler, il rougira ta tombe.

IIIE. PRÊTRE.

Si l'oracle nous donne un présage certain,

Du meurtrier le supplice s'avance.

NEPHTÉ.

Je puis donc le connoître & lui percer le sein ?

IVe. PRÊTRE.

Le ciel a désigné l'objet de la vengeance,
Mais le sage Amédès, l'interprête des dieux,
Peut seul nous révéler ce mystère odieux.

SCENE III.

LES PRÉCÉDENS, CHEMMIS.

CHEMMIS, *à Nepthé.*

De votre époux l'auguste frére
Vous cherche, & dans l'instant va paroître à vos yeux,

NEPHTÉ.

Pharès ! que me veut-il ?

Ier. PRÊTRE, *avec horreur.*

Pharès, lui, dans ces lieux !

(*Aussi-tôt les quatre Prêtres saisissent l'enfant, ils*
l'emmènent

*l'emmènent dans la grotte, & chantent le chœur suivant,
en jettant les yeux du côté où Pharès doit entrer.*)

CHŒUR DE PRÊTRES.

Ah ! périsse le téméraire
Qui vient troubler l'asyle de la paix !

(*Ils entrent sous la grotte.*)

NEPHTÉ.

Dieux ! quel est cet affreux mystère ?
Pharès auroit-il part au plus grand des forfaits ?

SCENE IV.

NEPHTÉ, PHARÈS.

NEPHTÉ, *voyant venir Pharès de loin.*

L'horreur qui se répand m'annonce un parricide,
Un noir pressentiment me trouble à son aspect.
Il faut dissimuler, & dans l'œil du perfide,
Pénétrer, s'il se peut, son odieux secret.

PHARÈS.

Eh quoi, belle Nephté ! ce lieu siniftre & sombre
A-t-il tant de charmes pour vous ?

B

Faut-il que des cyprès attriſtent de leur ombre
　　Des traits ſi nobles & ſi doux ?

NEPHTÉ.

Le deuil de ces cyprès n'afflige point mon âme ;
Leur ſainte obſcurité convient à mon malheur.
S'ils ſont affreux pour moi, c'eſt par le crime infâme
　　Que ces tombeaux rappellent à mon cœur.

PHARÈS.

Hélas ! autant que vous j'en ai gémi moi-même ;
Mais le tems fait calmer la plus vive douleur.

NEPHTÉ.

Non, quand on a perdu le ſeul objet qu'on aime.

PHARÈS.

Ah ! Nepthé, cet amour dont vous brûlez en vain
Vous fait-il oublier qu'en fermant la paupière,
Séthos nous confia ſa volonté dernière,
Et vous fit une loi de me donner la main ?

NEPHTÉ.

Vous me parlez d'hymen, lorſque le ſang d'un frère
Fume encor ſur le marbre où ce prince expira ;
Vous oubliez bientôt cette ſcène cruelle.
Oui, je ſais qu'en mourant, mon époux deſira,

Ou parut defirer que je fuffe infidelle ;
Il vouloit qu'un hymen embellît fon trépas ;
Il vouloit de ma main payer tout votre zèle,
Mais mon époux, feigneur, ne nous connoiffoit pas.

PHARÈS.

Il me connoiffoit bien ; il favoit que ma gloire
Pourroit de fon grand nom ennoblir la mémoire ;
Il nous trouvoit tous deux dignes de nous unir.
C'eft un prix que Pharès mérita d'obtenir.
Ah ! combien cet hymen illuftreroit ma vie !
   Ce bras combattant fous vos loix,
Protégera Memphis, fera trembler l'Afie,
Et pourra de Séthos égaler les exploits.
   Mais fi mes feux, mais fi rien ne vous touche,
'A votre époux du moins confentez d'obéir ;
Voyez en moi fon frère, & daignez accomplir
   Le dernier vœu qui fortit de fa bouche.

NEPHTÉ.

Mais, feigneur, n'eft-il mort que pour vous rendre heureux ?
Il vous aima toujours, & fon trépas affreux
   Ne laifferoit dans le fond de votre âme
D'autre foin plus preffant qu'un projet amoureux ?
Si vers un fol amour vous tournez tous vos vœux,

Quel fera le vengeur que fon ombre réclame ?
Ce prince, cet époux, ce frère infortuné,
Vous le favez, feigneur, mourut affaffiné.

PHARÈS.

Eh ! pourquoi rappeller fans ceffe
Des maux qu'on ne peut réparer ?
C'eft au ciel à frapper de fa main vengereffe
Les auteurs des forfaits qu'il nous laiffe ignorer.
Veuve du grand Séthos, vivez pour admirer,
Vivez pour imiter fes vertus, fa fageffe ;
Vivons pour occuper le trône qu'il nous laiffe ;
Vivons...

NEPHTÉ.

Pour le venger. Uniffez-vous à moi ;
Venez fur ce tombeau m'engager votre foi ;
Jurez-moi d'employer toute votre puiffance
A punir l'affaffin de mon augufte époux ;
Jurez-moi que cette vengeance
De vos foins fera le plus doux.

PHARÈS, *à part.*

Dieux ! ferois-je trahi ? quel eft donc ce myftèr

NEPHTÉ.

Vous héfitez, Seigneur, vous l'aimiez votre frèr

Pour faire ce ferment il m'en a moins coûté.

PHARÈS.

Je jure d'accomplir tous les vœux de Nephté ;
  Sa volonté fera ma loi première.

NEPHTÉ.

Je ne veux rien pour moi. Jurez fur ce tombeau ;
  Que vous ferez vous-même le bourreau
    Du monftre parricide , impie ,
Dont le forfait caufa le deuil de la patrie.

SCENE V.

LES PRÉCÉDENS, AMÉDÈS *fortant du temple , écoute Pharès.*

PHARÈS, *prés du tombeau de Séthos.*

Je jure par le fer qui brille dans ma main,
De punir de mon roi le coupable affaffin.

AMÉDÈS, *à part, au fond du théâtre.*

Dieux! & vous l'écoutez ce ferment facrilège!

NEPHTÉ, *à part , fur le devant de la fcéne.*

Le monftre s'eft trahi; je le tiens dans le piége.

AMÉDÈS.

Pharès, c'en eſt aſſez, le ciel eſt ſatisfait,
Il connoît la main criminelle :
Jamais il n'oublia de punir un forfait ;
Compte ſur la vengeance ; elle ſera cruelle.

PHARÈS.

Prêtre, vous qui parlez au nom d'un ciel vengeur,
Redoutez d'une erreur les ſuites dangereuſes ;
Un oracle eſt ſouvent menteur,
Et toujours il nous fait des réponſes douteuſes.

(*A Nephté, bas & en s'en allant.*)

Reine, défiez-vous de ces bouches pieuſes,
Et ſachez que plus d'une fois,
Des miniſtres des dieux les mains religieuſes
Furent teintes du ſang des rois.

(*Il ſort.*)

SCENE VI.

NEPHTÉ, AMÉDÈS.

AMÉDÈS, *à Pharès qui fort.*

Tu n'éviteras point la célefte vengeance ;
Les dieux t'ont défigné, ton fupplice eft certain.

NEPHTÉ, *avec horreur.*

Le frère de Séthos !

AMÉDÈS.

Il eft fon affaffin.

NEPHTÉ.

O mon fils, que de maux accablent ton enfance !
Dans ces jours de forfaits quel fera ton deftin ?
Le frère de Séthos !

AMÉDÈS.

Il eft fon affaffin.

Ces murs renferment fes complices ;
Menacés par ma voix du dernier des fupplices,
Ils ont nommé l'auteur de cet affreux deffein.

N E P H T É.

Je te reconnois bien, âme dure & cruelle.
Barbare, mille fois depuis ce jour d'horreur,
Un soupçon renaissant t'accusoit dans mon cœur
Et sans cesse m'offroit ta tête criminelle.
Tu respires encore! & mon époux, mon roi
Est perdu pour son peuple & ne vit plus pour moi
  Vengeance, soutiens mon courage.
 Filles d'enfer, punissez le forfait,
Sur le cœur du coupable exercez votre rage;
Vengez-moi, vengez-vous, & je meurs sans regret

A M É D È S.

Vous parlez de mourir : ah! malheureuse mère!
Et votre fils?...

N E P H T É.

Grands dieux!

A M É D È S.

    Ses jours sont menacé

N E P H T É.

Ciel!

A M É D È S.

Que deviendra-t-il, si vous le délaissez?

N E P H T

N E P H T É.

Mon fils!

A M É D È S.

L'infortuné n'a déja plus de père.

N E P H T É.

Dieux! de quelle frayeur je me sens émouvoir!
Tout me trouble, tout m'épouvante.
Mon cher fils, je crois déja voir
Un glaive suspendu sur ta tête innocente.
Tous mes sens font glacés; ô vous, mon seul appui,
Ayez pitié de moi, daignez veiller sur lui :
Pour le défendre, hélas! je n'ai que ma tendresse.
Dérobez son enfance aux regards des mortels ;
Qu'il respire un air libre à l'ombre des autels,
Et que ce temple saint protège sa foiblesse.

A M É D È S.

Au fond de ces tombeaux, il est un lieu sacré,
Du profane vulgaire à jamais ignoré.
Qu'il soit de votre fils l'asyle & la défense!

T O U S   D E U X.

Ciel, nous te confions notre unique espérance.

A M É D È S.

Les prêtres des tombeaux répondent de son sort ;

C

Ils font fes défenfeurs ; & fi quelque perfide
Étendoit jufqu'à lui fa fureur homicide,
Pour prix de fon audace il recevra la mort.
Sous ces cyprès bientôt le peuple va paroître
Pour faire un facrifice aux mânes de fon maître,
Je veux par un ferment m'affurer de fa foi ;
        Mais il faut que fans le connoître,
Il jure de punir l'affaffin de fon roi.
Les fuccès de Pharès l'ont rendu redoutable ;
L'Égypte admire encor fa féroce valeur,
Et le monftre eft puiffant autant qu'il eft coupabl

NEPHTÉ.

Quoi ! Séthos dans Memphis n'auroit pas un venge

AMÉDÈS.

Memphis le vengera ; mais, pour punir le crim
        Gardons-nous d'en nommer l'auteur.
Le feul nom de Pharès infpire la frayeur.
Il faut qu'à notre voix tout le peuple s'anime ;
Et faffe le ferment de frapper l'affaffin ;
Mais il ne connoîtra le nom de la victime,
        Qu'en lui perçant le fein.

SCENE VII.

NEPHTÉ , AMÉDÈS, PRÊTRES, GRANDS DE L'ÉTAT, PEUPLE.

(Le temple s'ouvre , & l'intérieur en paroît obscur.
Les prêtres en sortent en habits funèbres , &
viennent se ranger le long des grottes : les grands
de l'etat sortent du palais , & le peuple du fond.
On élève un autel près du tombeau de Séthos.
Amédès est seul auprès ; les prêtres à ses côtés ;
les grands forment un cercle plus éloigné ; Nephté
reste sur le devant de la scène , & le peuple inonde
le fond.)

AMÉDÈS.

O Mort, divinité terrible ;
　Tout fléchit sous tes loix.
A nos vœux, à nos pleurs, à nos cris insensible,
　Tu frappes à la fois
Et le cèdre, & l'arbuste, & le foible & les rois.

CHŒUR DE PRÊTRES.

Ah! jamais ton bras inflexible

Ne nous fit mieux fentir l'effet de fon courroux:
O mort, divinité terrible,
Le plus aimé des rois eft tombé fous tes coups.

NEPHTÉ.

Tu m'as ravi tout ce que j'aime,
Mon roi, mon amant, mon époux ;
Pour me rejoindre à lui, viens me frapper moi-même,
O mort, je bénirai tes coups.

CHŒUR GÉNÉRAL.

O mort, divinité terrible, &c.

(Les portes du temple s'ouvrent avec précipitation
l'intérieur en paroît éclairé d'une vive lumière ; o
en voit fortir vingt-cinq jeunes filles vêtues d
blanc. Elles s'avancent avec vîteffe ; la premié
fe détache des autres, s'approche de Nephté,
dit les vers fuivans avec tout l'extérieur d'une jo
fainte & d'un enthoufiafme religieux.)

SCENE VIII.

LES PRÉCÉDENS, ET VINGT-CINQ JEUNES FILLES DU TEMPLE D'OSIRIS.

LA PREMIÈRE DES FILLES DU TEMPLE.

Pourquoi pleurer Séthos? Il n'eſt pas mort pour vous;
Les dieux l'ont rappellé dans leur ſphère immortelle;
Ses yeux toujours fixés ſur ſon peuple fidèle ,
Du haut du firmament daignent veiller ſur nous.
    Ceſſez de déplorer ſa perte ;
    Célébrez ſon nom glorieux.
    Dès long-tems ſa tombe eſt déferte ;
    Il habite déja les cieux.
    Déja dans ſes mains bienfaiſantes
    Le miniſtre aux aîles brillantes
    Place des lauriers éternels.
    La ſainte eſcorte l'environne ,
    Une main pure le couronne
    Et le préſente aux immortels.

CHŒUR DE PRÊTRES.

Règne dans ton nouvel empire ;

Jouis du bonheur qui t'eſt dû ;
Mais daigne quelquefois ſourire
A ce monde qui t'a perdu.

CHŒUR GÉNÉRAL.

Règne dans, &c.

AMÉDÈS.

En te dégageant de la vie,
La mort te rend à ta patrie,
Le dieu du jour t'appelle à ſoi.
Tranquille au ſéjour du tonnerre,
Tu reçois les vœux de la terre,
Et mes chants iront juſqu'à toi.

CHŒUR GÉNÉRAL.

Tranquille au ſéjour du tonnerre,
Tu reçois les vœux de la terre,
Et nos chants iront juſqu'à toi.

NEPHTÉ.

Peuple, ſi vous l'aimiez, votre reconnoiſſance
Ne doit pas ſe borner à chanter ce héros.
Vous ſavez qu'il périt par d'horribles complots,
Et ſes mânes en vain vous demandent vengeance.

CHŒUR DE GRANDS DE L'ÉTAT.

Ce crime eft un fecret qu'il nous faut révéler.

CHŒUR DE PEUPLE.

Nommez-nous l'affaffin tout fon fang va couler.

AMÉDÈS.

Enfin je connois le coupable.

CHŒUR DE PEUPLE.

Qu'il périffe dans les tourmens !

AMÉDÈS.

Il faut vous l'avouer, le monftre eft redoutable;

CHŒUR DE PEUPLE.

Qu'il périffe dans les tourmens !

AMÉDÈS.

Eh bien ! le ciel le livre à vos reffentimens ;
Dans les flots de fon fang éteignez fa furie,
Et promettez, fur la foi des fermens,
De venger par fa mort le deuil de la patrie.

CHŒUR DE PEUPLE.

Oui, nous vengerons la patrie ;
Oui, nous l'égorgerons le meurtrier impie :

Ensemble.

O puiſſant Oſiris, écoute nos ſermens.

AMÉDÈS et NEPHTÉ.

O puiſſant Oſiris, écoute leurs ſermens.

(On brûle l'encens ; on poſe la victime ſur l'autel
& le grand-prêtre ſaiſit le couteau ſacré qu'il tie
levé en diſant les vers ſuivans.)

AMÉDÈS.

Objet de notre amour, reçois ce ſacrifice ;
Et ſur tous tes vengeurs jette un regard propice,
Que ce couteau ſacré, gage de leur fureur,
Déchire le ſein du perfide.

(En frappant la victime.)

Périſſe ainſi le parricide
Qui t'a plongé le poignard dans le cœur.

CHŒUR DE PEUPLE.

Périſſe ainſi le parricide
Qui t'a plongé le poignard dans le cœur !
Et que ce fer, gage de ma fureur,
Déchire le ſein du perfide.

AMÉDÈS.

Quand des ombres du ſoir, Memphis ſe couvrir

Je nommerai l'auteur du crime ;
Et vous frapperez la victime ,
Quand cette main vous la désignera.

(Tous s'avancent sur le devant de la scène, & disent
avec exaltation :)

CHŒUR GÉNÉRAL.

Toi que Memphis regrette, & que l'Égypte encense,
Tes mânes feront satisfaits.
Et vous , sainte justice , implacable vengeance,
Armez-vous , aidez-nous à punir les forfaits.

(Nephté entre sous la grotte où est son fils.)

Fin du premier Acte.

D

ACTE II.

Le théatre représente la salle du palais, où se trouv.
le trône des rois d'Égypte.

SCENE I^{ÈRE}.

PHARÈS, CHEMMIS.

PHARÈS.

Quoi! le traître animoit le peuple à la vengeance
De quel œil ose-t-il pénétrer mes secrets?

CHEMMIS.

Hâtez-vous, armez-vous de la toute puissance;
Et confondez ses coupables projets.

PHARÈS.

Il m'a toujours haï.

CHEMMIS.

   Tout le peuple vous aime.
Je l'ai fait assembler, soumis à votre voix,
Dans ce jour, dans ce palais même,

Il va vous élever au trône de ses rois.

Pour conserver le diadême,

Nephté d'un autre hymen doit s'imposer les loix ;

Son sceptre, son amour, l'autorité suprême,

Seront enfin le prix de vos exploits.

PHARÈS.

Ce prêtre m'inquiète.

CHEMMIS.

Ah ! de son imprudence

Vous le verrez bientôt demander le pardon.

Il n'a pas même osé prononcer votre nom ;

Et par crainte il a feint de garder le silence.

Régnez, & devant vous il viendra s'abaisser.

PHARÈS.

Ce prêtre me tourmente.

CHEMMIS.

Ah ! cessez d'y penser.

Seriez-vous effrayé d'une vaine menace ?

Qu'il garde son secret ; s'il l'osoit révéler,

La mort seroit bientôt le prix de son audace.

PHARÈS.

Eh ! pourquoi lui laisser le pouvoir de parler ?

CHEMMIS.

J'entends. Il périra ; je veux vous l'immoler.

PHARÈS.

Je reconnois enfin ton amour pour ton maître.

(*Chemmis met la main sur son poignard.*)
Arme-toi, va chercher ce traître ;
Comme une ombre importune environne ses pas,
Laisse-le respirer tant qu'il saura se taire,
Mais s'il rompt le mystère,
Frappe, frappe ; un seul mot mérite le trépas.

Amour, ambition, haine, fureur, vengeance,
Venez, dévorez-moi, je m'abandonne à vous,
Un seul mortel, un seul, s'oppose à ma puissance
Faites qu'il tombe sous mes coups ;
Haine, fureur, vengeance,
Je m'abandonne à vous.

CHEMMIS.

Je servirai votre vengeance,
L'audacieux tombera sous mes coups.
Malheur à ceux dont l'imprudence
Allumera votre courroux.
Comptez, comptez sur la vengeance,
Chemmis sera digne de vous.   (*Il sort.*)

SCENE II.

(L'on entend dans le fond le tumulte des soldats qui s'assemblent.)

PHARÈS, *seul.*

Le peuple vient. Pharès, arme-toi de courage.
Tes fidèles soldats t'ont promis leur suffrage :
Ce jour doit pour jamais décider de ton sort ;
Ce jour doit te donner ou le trône ou la mort.

SCENE III.

PHARÈS, GRANDS DE L'ÉTAT, CHEFS DE L'ARMÉE, SOLDATS.

(Après la marche guerrière, tous les soldats se rangent sur les côtés des colonnes ; les Chefs occupent le milieu, & laissent cependant toujours appercevoir le trône.

PHARÈS.

Soldats, dans les dangers qui menacent l'empire,
Il est tems de répondre aux vœux de votre roi.
Sur ce trône superbe, où son ombre respire,

Il est encore assis, & nous dicte sa loi.
Fière de son trépas & de notre impuissance,
Toute l'Asie armée aspire à la vengeance,
Et relève ce front que Séthos a soumis.
Cent peuples en fureur, voilà vos ennemis,
Une femme, un enfant, voilà votre défense,
La mort d'un seul héros suffira-t-elle, hélas !
Pour n'oser plus tenter le hasard des combats ?
Nous, sujets de Séthos, compagnons de sa gloire
Dites, laisserons-nous outrager sa mémoire ?
Nommons, nommons un chef, dont la haute valeu
De tous nos ennemis dissipe la fureur.

CHŒUR DE SOLDATS.

Nommons, nommons un chef, &c.

PHARÉS.

Volons à la victoire. O Séthos, ô mon frère ;
Donne, donne à ton peuple un avis salutaire ;
Et s'il trouve un héros digne de ce grand choix,
Pharès, Pharès lui-même obéit à ses loix.

CHŒUR.

Pharès ! Pharès ! le ciel à la gloire t'appelle ;
Tu régneras sur nous ; tu feras notre appui ;
Le frère de Séthos est seul digne de lui,

PHARÈS.

Peuple, de trop d'éclat vous honorez mon zèle.
Puisque vous confiez cet empire à ma foi,
Je veux le conserver au fils de notre roi.
Les dieux ne m'ont pas fait pour aspirer au trône;
Il faut, pour l'obtenir, mériter la couronne.
Ce glaive me suffit, il saura nous venger.
Soldats, autour de moi venez tous vous ranger.
Jurons, vous d'obéir, & moi de vous défendre.

(Les soldats l'environnent.)

CHŒUR.

Pharès! Pharès! lui seul peut nous défendre;
Qu'il règne.....

SCENE IV.

LES PRÉCÉDENS, NEPHTÉ,
FEMMES *de sa suite, qui restent au fond.*

NEPHTÉ, *interrompant le chœur.*

Juste ciel! quels cris se font entendre!
Quelle profane joie en ces jours de douleurs,
Insulte à mon époux, & se mêle à mes pleurs?

PHARÈS.

Ah! reine! pardonnez au motif qui l'infpire;
Il nous falloit un chef, & ces braves foldats
Ont fait choix d'un guerrier qui les guide aux com
C'eft moi qu'ils ont chargé de veiller fur l'empir

NEPHTÉ, *indignée.*

Ce peuple? vous! Pharès!

PHARÈS.

     Le frère de Séthos
Se montrera toujours digne de ce héros.
Il faura l'imiter.

NEPHTÉ.

    O ciel! puis-je le croire?
Peuple, vous ignorez.....

PHARÈS, *interrompant vivement.*

     Oui, peuple, un affaffi
Du plus aimé des rois ofa percer le fein.

  (*A Nephté.*)
Penfez-vous que Pharès en perde la mémoire?
Je connois le coupable, & fon fupplice eft prê
Je fais trop qu'Amédès, par un zèle indifcret,
De venger votre époux veut s'arroger la gloire,

Mais chef de nos guerriers, & frère de leur roi,
L'honneur de le venger ne regarde que moi.

NEPHTÉ, *à part.*

Dans quel abîme affreux suis-je donc descendue ?
Me faudra-t-il toujours étouffer ma fureur ?

PHARÈS.

Belle Nephté, la gloire en ces lieux répandue
    Flatte bien foiblement mon cœur ;
     Elle combleroit mon bonheur,
    Si de vous je l'avois reçue ;
Et sur le trône assis, j'aurois fait mon plaisir
De vous servir sans cesse, & de vous obéir.

   (Cette scène de Pharès & de Nephté se passe sur
     le devant du théatre, sans être entendue du
     peuple.)

NEPHTÉ.

    Gardez, envahissez le trône ;
Je ne l'envîrai point, il vous a trop coûté.
    Bientôt Memphis qui vous le donne,
Saura par quels exploits vous l'avez mérité :
    Gardez, envahissez le trône ;
Je ne l'envîrai point, il vous a trop coûté.

E

CHŒUR.

Invincible Pharès, vertueuse Nephté,
Uniſſez-vous, régnez, partagez la couronne.

PHARÈS.

Mais pourquoi de Séthos ne vois-je point le fils?

NEPHTÉ.

Mon fils! dieux!

PHARÈS.

En mes mains il doit être remis.

NEPHTÉ.

O ciel! qu'ai-je entendu?

PHARÈS.

C'eſt à moi de l'inſtruire;
Je dois l'accoutumer au fardeau d'un empire.

NEPHTÉ.

S'il faut au diadême habituer ſon front,
Sa mère vit encore, & ſes mains ſuffiront.

PHARÈS.

Mais pourquoi nous cacher le fils de notre maître?
Il faut qu'il vive au ſein de ſes ſujets,
Qu'il s'habitue à les connoître.

(Aux soldats.)
Qu'on cherche cet enfant.
                    (Quelques soldats sortent.)
          NEPHTÉ.

                    O comble de forfaits !
Voulez-vous donc encore le ravir à sa mère ?
Cruel, laissez-le libre, ou rendez-lui son père.

          PHARÈS.

Vous voyez, justes dieux ! les maux que je lui fais.
Soldats, allons au temple offrir un sacrifice ;
Contre nos ennemis implorons la justice ;
Et quand l'aube du jour blanchira les côteaux,
Demain aux bords du Nil assemblez vos drapeaux.
Vous, Nephté, je n'ai plus qu'un seul mot à vous dire :
Si Memphis d'un vainqueur éprouve le courroux,
Si vous perdez enfin votre fils & l'empire,
Inflexible Nephté, n'en accusez que vous.

        CHŒUR, *à Nephté.*

Acceptez un époux que tout Memphis admire ;
Couronnez ce héros, il est digne de vous.
               (Pharés sort suivi des soldats.)

SCENE V.

NEPHTÉ, CHŒUR DE FEMMES,
dans le fond.

NEPHTÉ, *sur le devant de la scène.*

Sort cruel, es-tu las d'éprouver ma conftance!
Faudra-t-il donc mourir, & mourir fans vengeance?
Un affaffin triomphe; il eft choifi pour roi,
Et j'expofe mon fils, fi je romps le filence.
Amédès ne vient point; tout me glace d'effroi.
O toi, que j'ai perdu, cher objet de mes larmes,
Ta mort n'étoit donc pas le dernier de mes maux!
Quand pourrai-je te fuivre, oublier mes alarmes,
Et jouir avec toi d'un éternel repos?
    De toutes parts la fortune cruelle
Me préfente un abîme où je dois me plonger.
Si je cède au deftin, je vivrai criminelle,
Et ton fils va périr, fi je veux te venger.
O toi, que j'ai perdu, cher objet de mes larmes,
Ta mort n'étoit donc pas le dernier de mes maux!
Dieux juftes! dieux puiffans! vous voyez mes alarmes;
De mon cher fils du moins affurez le repos;

S'il vit heureux, la mort aura pour moi des charmes :
Ouvrez-moi, par pitié, le chemin des tombeaux.

UNE DES FEMMES, *s'approchant lentement*
de Nephté.

Reine.....

NEPHTÉ.

Que voulez-vous ?

UNE AUTRE FEMME.

Partager vos alarmes.

NEPHTÉ.

Laissez-moi.

UNE AUTRE FEMME.

Nous venons pour essuyer vos larmes.

NEPHTÉ.

Le destin me poursuit, évitez son courroux ;
Fuyez l'horreur qui m'environne.

TOUTES LES FEMMES.

Si nos soins vous sont chers, notre sort est trop doux ;
Sur le trône, loin du trône,
Vous régnez toujours sur nous.

NEPHTÉ.

Eh! que puis-je pour vous, lorsque tout m'abandonne?

CHŒUR DE FEMMES.

Nous voulons vous fervir, partager vos douleurs;
Nous vous ferons toujours fidelles.

NEPHTÉ.

Grands dieux ! récompenfez la bonté de leurs cœurs
Nephté ne peut plus rien pour elles.

CHŒUR.

Nous vous fuivrons par-tout, nous effuîrons vos pleurs
Nous vous ferons toujours fidelles.

NEPHTÉ.

Je te rends grâce, ô fort! puifque dans mes malheurs
Je trouve encor des cœurs fidelles.

Enfemble.

NEPHTÉ.

Laiffez-moi, j'ai befoin d'être feule un moment.

CHŒUR DE FEMMES, *en s'éloignant.*

O dieux confolateurs, appaifez fon tourment.

(*Elles fortent.*)

SCENE VI.

NEPHTÉ, *feule.*

Tout redouble ma crainte & mon inquiétude.
Se peut-il qu'Amédès dans les fers arrêté ?...
O funefte foupçon ! mortelle incertitude !
Ton afyle, mon fils, fera-t-il refpecté ?
Peut-être en ce moment.....

        (*Elle voit venir le grand-prêtre.*)
            Amédès ! ô mon père !

SCENE VII.

NEPHTÉ, AMÉDÈS, CHEMMIS,
qui refte loin de Nephté & immobile.

AMÉDÈS.

Je fais tous vos malheurs, l'ufurpateur profpère.
Mes pas font obfervés, on attente à mes jours,
Et le ciel à nos pleurs refufe fon fecours.

NEPHTÉ,

Qu'eft devenu mon fils ?

AMÉDÈS.

Nos prêtres l'environnent,
Et tous expireront, avant qu'ils l'abandonnent.

NEPHTÉ.

O jour rempli d'horreurs !

AMÉDÈS.

O terrible deſtin !

NEPHTÉ.

Faut-il qu'un parricide.....

AMÉDÈS.

Un infâme aſſaſſin ?.....

CHEMMIS, *de loin.*

Prêtre, reſſouviens-toi que Pharès eſt ton maître,
Qu'il te voit, qu'il t'entend, qu'un ſeul mot indiſcre
Du nombre des vivans te fera diſparoître ;
Apprends à mériter la grace qu'il te fait.

NEPHTÉ.

Qu'ai-je entendu, grands dieux ! un vil eſclave, untr
Juſque dans ce palais porte ſes attentats ?

AMÉDÈS.

Juſte ciel ! daigne armer mon bras.

NEPHTÉ

NEPHTÉ.

Hélas ! vous périrez.

AMÉDÈS.

   Eh ! qu'importe ma vie ?
J'aurai vengé mon roi, mes dieux & ma patrie ;
Tous mes jours font comptés, & ce feroit en vain
Que je voudrois encore en reculer la fin.

NEPHTÉ.

 O ciel ! aux coups de ta juftice
  L'innocent doit-il donc s'offrir ?
Ah ! fi vous l'exigez ce cruel facrifice,
  C'eft moi feule qui dois périr.

AMÉDÈS.

 Vous, mourir ? vous, à votre aurore ?
 Vous pouvez efpérer encore
Un règne plus tranquille & des jours plus heureux.
 (*Haut.*)
Ah ! ne m'enviez pas ce trépas glorieux.

CHEMMIS, *de loin.*

Il demande à périr, j'accomplirai fes vœux.

AMÉDÈS, *à Nephté.*

Séthos vous laiffe un fils, il vous condamne à vivre.

F

NEPHTÉ.

Je vous le confîrai ce dépôt précieux;
Et la mère & l'enfant vous conjurent de vivre.

AMÉDÈS.

L'époux que vous pleurez vous défend de le fuivre

NEPHTÉ.

Sort cruel, laiffez-moi le venger & le fuivre,
Sans plaintes, fans regrets, je fermerai les yeux.

AMÉDÈS.

Séthos vous laiffe un fils, il vous condamne à vivre.

NEPHTÉ.

Je vous le confîrai ce dépôt précieux.

AMÉDÈS.

Ce fils infortuné pourra-t-il vous furvivre?

NEPHTÉ.

Ah!

AMÉDÈS.

Ne m'enviez pas ce trépas glorieux.

NEPHTÉ.

O douleur! ô combats!

AMÉDÈS.

O deftin rigoureux !

NEPHTÉ.

Mon fils n'a plus que vous ; le crime l'environne.
Vivez, vivez pour lui ; c'eft à moi d'expirer :
Le malheur me pourfuit, & le ciel m'abandonne
La mort eft le feul bien que je puiffe efpérer.

AMÉDÈS.

Divin flambeau des cieux, ô dieu puiffant, pardonne,
Si contre tes décrets nous ofons murmurer ;
Ah ! daigne voir l'objet que ta main abandonne,
Dans ta juftice enfin permets-lui d'efpérer.

CHEMMIS, *de loin à Amedès.*

C'eft la mort, c'eft la mort que tu dois implorer ;
Elle eft prête à te dévorer.
Déja fon ombre t'environne ;
C'eft la mort, c'eft la mort que tu dois implorer.

SCENE VIII.

LES PRÉCÉDENS, UN PRÊTRE D
TOMBEAUX.

LE PRÊTRE, *à Amédès.*

AH! seigneur, accourez, & venez nous défenc

NEPHTÉ.

Je tremble.

LE PRÊTRE.

Les soldats & Pharès, à grands cris,
De notre roi nous demandent le fils.

NEPHTÉ.

Dieux !

AMÉDÈS, *au prêtre.*

Suivez-moi; mourons plutôt que de le renc

NEPHTÉ.

Non, non, je veux le voir, l'arracher au trépas,
Le tenir embrassé. Le monstre parricide
Osera-t-il venir le chercher dans mes bras?

AMÉDÈS.

Ensemble.

Ah! reine, à leur fureur ne vous expofez pas.
Je vole à fon fecours; c'eft le ciel qui me guide.

LE PRÊTRE.

Volons à fon fecours, c'eft le ciel qui nous guide.

(*Ils fortent.*)

CHEMMIS, *à part.*

Tu n'y feras pas feul, je vole fur tes pas.

(*Il les fuit.*)

NEPHTÉ.

Grands dieux! dans mes malheurs ne m'abandonnez pas.

SCENE IX.

*(Pendant ce monologue, on entend un tumulte dans
le fond de la fcène.)*

NEPHTÉ, *feule.*

Asyle de la mort, voûte paifible & fombre,
Protégez cet enfant, couvrez-le de votre ombre;
Ou s'il doit de ce monftre éprouver la fureur,
Fermez, fermez mes yeux, témoins de fon malheur.

SCENE X.

NEPHTÉ, GRANDS DE L'ÉTAT, PEUPLE, SOLDATS.

***

PEUPLE ET SOLDATS, *à Nephté.*

N'irritez pas les dieux par trop de réſiſtance;
  Rendez le calme à vos ſujets.
Notre bonheur dépend du bonheur de Pharès;
  Couronnez ce héros, notre ſeule défenſe.

GRANDS DE L'ÉTAT.

Couronnez ce héros, notre ſeule défenſe,
  Rendez le calme à vos ſujets.

PEUPLE ET SOLDATS.

Séthos ne veut de vous que votre obéiſſance.

TOUS.

Couronnez ce héros, notre ſeule défenſe,
  Rendez le calme à vos ſujets.

NEPHTÉ.

O ciel! à quel excès d'audace
Le traître a-t-il pu les porter?

On ne me connoît plus, un peuple me menace,
Et jufqu'en mon palais il ofe m'infulter !

PEUPLE ET SOLDATS.

Époufez notre roi, c'eft Séthos qui l'ordonne.
Pharès eft le foutien du trône ,
Il fait trembler nos ennemis.
Couronnez ce héros, votre époux vous l'ordonne.

GRANDS DE L'ÉTAT.

Songez du moins à votre fils,
Et confervez-lui la couronne.

PEUPLE ET SOLDATS.

Oui, vous trahiffez votre fils,
Vous lui raviffez la couronne.

NEPHTÉ, *à part.*

Où fuis-je? quel nouveau tranfport?
Un feu divin m'anime & me rend l'efpérance.
Sans trouble, fans frayeur j'envifage la mort;
Il faut me dévouer.

PEUPLE ET SOLDATS.

C'eft trop de réfiftance.

CHŒUR.

Dieu de Memphis, dieu tutélaire,
Soleil, répands fur nous tes bienfaits & tes feux.

PHARÈS, *à Nephté.*

Quoi! vous me devancez dans ces auguftes lieux ?
Que cet empreffement eft flatteur pour ma flamme!

NEPHTÉ.

Ces lieux ont éclairé mon âme ;
Oui, Pharès, je promets de paffer avec toi
Tout le tems que le ciel nous permettra de vivre.
Même dans le tombeau je jure de te fuivre,
Ce temple eft garant de ma foi.

PHARÈS.

Jour de triomphe, jour profpère!
O Soleil, hâte-toi de couronner mes vœux.

CHŒUR.

Dieu de Memphis, dieu tutélaire,
Soleil! répands fur nous tes bienfaits & tes feux.

NEPHTÉ, *à part, rendant fon fils aux femmes.*

Dieux! écartez de moi cette image trop chère;
Je le fens, je le fens, je trahirois mes vœux.

H 2

(Lorsque les prêtres se sont placés autour de l'autel,
& que le peuple & les soldats ont occupé le fond,
Nephté passe à la gauche avec ses femmes, &
Pharès à la droite avec les guerriers. Alors un des
premiers prêtres se place derrière l'autel, faisant
face aux spectateurs ; il y pose la coupe nuptiale,
& chante l'hymne à l'Hymen.

UN PRÊTRE.

Hymen , déité consolante ,
D'un couple fortuné viens couronner l'ardeur.
Fais-le brûler de ta flamme constante ;
C'est de ta main qu'il attend le bonheur.

TOUS, *excepté Nephté.*

Hymen , ô doux Hymen , déité consolante ,
D'un couple fortuné , viens couronner l'ardeur.

PHARÈS.

Hymen ! ô doux Hymen ! viens hâter mon bonheur.

NEPHTÉ, *à part.*

Hymen, terrible Hymen, viens & sois mon vengeur.

(Pendant le chœur, Pharès & Nephté paſſent derrière
l'autel.)

NEPHTÉ, *tenant la coupe.*

Sur cette coupe & ce breuvage,
Grands dieux, répandez vos bienfaits.

(A Pharès.)

Que de nos maux paſſés il efface l'image,
Et qu'il nous uniſſe à jamais !

(Pendant que les époux boivent dans la coupe nup-
tiale, que Nephté a empoiſonnée, on brûle l'en-
cens, & les filles du temple expriment par une
pantomime la joie du peuple & le bonheur des
époux.)

CHŒUR.

Hymen, déité conſolante,
D'un couple fortuné viens couronner l'ardeur.

(Pharès & Nephté quittent l'autel, & reprennent
leur place.)

CHŒUR.

Fais-le brûler de ta flamme conftante;
C'eft de ta main qu'il attend le bonheur.
Hymen! ô doux Hymen! déité confolante,
D'un couple fortuné viens couronner l'ardeur.

PHARÈS.

O doux Hymen, déité bienfaifante,
C'eft de ta main que j'obtiens le bonheur.
Ah! pour l'heureux Pharès quelle gloire éclatante!
Pour fes travaux guerriers quel préfage flatteur!

NEPHTÉ, *à part.*

Enfin, je vais mourir contente.
Le coupable eft puni. La mort eft dans fon cœur,
Je te rends grâce, Ifis, déité bienfaifante;
Mon fils règne, & Séthos a trouvé fon vengeur.

SCENE IV.

LES PRÉCÉDENS, AMÉDÈS, SOLDATS.

CHŒUR, *qui est interrompu par Amédès.*

Hymen.....

AMÉDÈS, *entrant avec des soldats armés.*

Cessez, cessez un affreux sacrifice;
Par des vœux criminels n'irritez pas les dieux.
Aux mânes de Séthos il faut faire justice.
L'assassin vit encor, même il est dans ces lieux;
C'est Pharès.

PHARÈS.

Dieux !

CHŒUR.

Pharès !

AMÉDÈS, et SOLDATS A SA SUITE.

Que le monstre périsse !

AMÉDÈS *seul, armé d'un poignard.*

Assez, & trop long-tems il fut braver les loix;
Sur ce vil meurtrier tombons tous à la fois;

Qu'il périsse !

NEPHTÉ.

Arrêtez ; j'ai vengé la patrie.

AMÉDÈS.

Quoi ! vous-même, Nephté, vous protégez l'impie!

NEPHTÉ.

Peuple , prêtez l'oreille à ma mourante voix.
Sur les bords de la tombe où votre roi m'appelle ;
Dans ce temple où bientôt je vais mourir fidelle
   A l'époux le plus regretté,
Je vais vous découvrir l'affreufe vérité.
Pharès eft l'affaffin ; c'eft lui dont la furie
Au plus aimé des rois fit arracher la vie ;
La fortune fourit à tous fes attentats.
   Souillé du meurtre de fon frére,
Ofant tout , bravant tout , protégé des foldats;
Au trône de Séthos il fut porter fes pas ;
Et couvrant fes forfaits des ombres du myftère,
Parricide impuni, refpirant l'adultère,
Il voulut me forcer à paffer dans fes bras.
Et moi, mère tremblante, époufe infortunée ;
   Reine fans trône, & veuve abandonnée ,

Je

Je n'avois à choisir que l'opprobre ou la mort;
Mais le ciel à la fin eut pitié de mon fort.
Apprends donc, ô tyran, comment cet hymenée
A la mienne en ce jour unit ta deftinée;
Apprends, & s'il fe peut, écoute fans frayeur,
Comment Nephté fut mettre un frein à ta fureur.
Contrainte de traîner la chaîne nuptiale,
Et d'accepter la main qui me faifoit horreur;
Moi-même j'ai verfé dans la coupe fatale
Un poifon qui déja te dévore le cœur.

CHŒUR ET PHARÈS.

Dieux !

NEPHTÉ, à Pharès.

Comme toi j'en ferai la victime;
Mais je venge Séthos & je punis ton crime.
Nous mourons.... & déja le poifon répandu
Va laiffer aux mortels un exemple terrible;
Un nuage fur noùs eft déja defcendu.
Mais ma mort eft tranquille, & la tienne eft horrible.

PHARÈS, avec rage.

Oui, je meurs; oui, je cède à l'aveugle deftin:
Je meurs... & tout l'enfer eft déja dans mon fein.
Non qu'un lâche remords puiffe entrer dans mon âme;

I

Mais honteux de périr de la main d'une femme :
Mon trépas est affreux... Je succombe aux regrets
De n'avoir pu ravir le prix de mes forfaits ;
Et si quelque douleur me poursuit dans mon crime,
C'est de n'avoir frappé qu'une seule victime.

NEPHTÉ.

Fuis donc, fuis de ce temple, ôte-toi de mes yeux ;
Que ton dernier soupir ne souille pas ces lieux.

(Les soldats enveloppent Pharès, & l'entraînent
hors du temple.)

AMÉDÈS.

O sublimes vertus !

CHŒUR.
O malheureuse mère !

SCENE V *& derniere.*

NEPHTÉ, AMÉDÈS, FEMMES, PEUPLE, SOLDATS, L'ENFANT.

NEPHTÉ, *affoiblie par le poison.*

Ah ! c'en eſt fait... je touche à mon heure dernière...
Un trouble ſe répand ſur tout ce que je voi...

(Ses femmes la ſoutiennent & la font aſſeoir.)

Je ne me ſoutiens plus... tout mon cœur ſe reſſerre...

(On approche l'enfant.)

Faites venir mon fils... Mon fils , embraſſe-moi...
La ſenſible Nephté ne regrette que toi...
Sèche, sèche tes pleurs, je vais revoir ton père.

AMÉDÈS.

O douleur déchirante !

CHŒUR.

O malheureuſe mère !

NEPHTÉ, *encore plus foible.*

Ne pleurez pas mon ſort, il n'eſt pas malheureux.
J'ai rempli mes devoirs... mon fils reſpire encore ;

Ah ! confervez-le bien, ce dépôt précieux ;
C'eft l'image du roi que tout Memphis adore.

(*A fes femmes.*)

Donnez-moi le bandeau que j'ai fait préparer,
 Qu'il lui ferve de diadême...
 Je veux... avant que d'expirer,
 Sur fon front l'attacher moi-même.
 Memphis, voilà ton roi.....

(*Nephté expire en prononçant ces mots, & les foldats*
faififfent l'enfant, l'élèvent fur un pavois, & le
préfentent au peuple, qui tombe à genoux.)

CHŒUR.

Veillez fur lui, grands dieux !
Qu'il imite Séthos, mais qu'il foit plus heureux.

F I N.